Die Harzer Schmalspurbahnen

Jörg Bauer

Studio Volker Schadach, Goslar

Seite 3: Doppelausfahrt in Alexisbad.

Seite 4/5: Die 99 7238 mit Personenzug oberhalb des Drängetals auf dem Wege nach Drei Annen Hohne.

Page 3: Double departure at Alexisbad.

Page 4/5: Engine 99 7238 with a passenger train above the Drängetal on its way to Drei Annen Hohne.

99 7234-0
99 7236-5

HSB
HSB

99 7238-1

Historische Entwicklung

In der zweiten Hälfte des 19. Jahrhunderts wurden auch um den Harz herum zahlreiche regelspurige Eisenbahnstrecken gebaut. Der Harz selbst blieb allerdings unerschlossen, nur die Innerstetalbahn nach Clausthal-Zellerfeld und die Halberstadt-Blankenburger Eisenbahn, heute als Rübelandbahn bekannt, erschlossen das Innere des Harzes. Die sich entwickelnde wirtschaftliche Nutzung im Oberharz forderte aber weitere Eisenbahnstrecken. Aus Kosten- und Trassierungsgründen wurde für den Harz die Schmalspur von 1000 mm gewählt.

Als erste schmalspurige Eisenbahn eröffnete am 7. August 1887 die Gernrode-Harzgeroder Eisenbahn ihren Streckenabschnitt von Gernrode (Harz) nach Mägdesprung. In den Folgejahren bis 1892 baute diese Gesellschaft weitere Strecken von Mägdesprung über Alexisbad nach Harzgerode und von Alexisbad über Silberhütte (Anhalt), Lindenberg (heute Straßberg/Harz), Güntersberge und Stiege nach Hasselfelde.

Am 12. Juli 1897 konnte die zweite Eisenbahngesellschaft im Harz, die Nordhausen-Wernigeroder Eisenbahn, ihren ersten Streckenabschnitt von Nordhausen-Nord nach Ilfeld eröffnen. Bis zum 27. März 1899 stellte auch diese Gesellschaft ihr Streckennetz fertig. So entstanden die Strekken von Ilfeld über Netzkater, Benneckenstein, Drei Annen Hohne nach Wernigerode und die Stichbahn von Drei Annen Hohne über Schierke zum Brocken.

Ebenfalls 1899 eröffnete die Südharzeisenbahngesellschaft ihre Strecken von Walkenried über Brunnenbachsmühle nach Braunlage und von Brunnenbachsmühle über Sorge nach Tanne. Hinzu kam eine reine Güter-

The History

During the heydays of railway building in second half of 19th century many standard gauge lines were built in the region around the Harz mountains. But for the Innerste Valley Line to Clausthal-Zellerfeld and the Halberstadt-Blankenburg Railway, known today as Rübelandbahn, the mountains themselves remained mostly undeveloped. Yet the economic progress in the upper Harz mountain called for additional railway lines. Due to the high costs of construction and the difficulties of the terrain, a narrow gauge of 1000 mm was chosen.

The first narrow gauge line to go into business was the Gernrode-Harzgeroder Eisenbahn which started service on the section from Gernrode (Harz) to Mägdesprung on August 7th, 1887. In the following years until 1892 this company extended its lines from Mägdesprung via Alexisbad to Harzgerode and from Alexisbad via Silberhütte (Anhalt), Lindenberg (today Straßberg/Harz), Güntersberge and Stiege to Hasselfelde.

On July 12th, 1897, the second railway company of the Harz region, the Nordhausen-Wernigeroder Eisenbahn, was able to start operations on the first section of its lines from Nordhausen-Nord to Ilfeld. By March 27, 1899, this company had also finished its system of connecting lines, namely from Ilfeld via Netzkater, Benneckenstein, Drei Annen Hohne to Wernigerode, and the branch line from Drei Annen Hohne via Schierke up to the Brocken peak.

About that time in 1899 another railway company, the Südharzeisenbahngesellschaft, opened its lines from Walkenried via Brunnenbachsmühle to Braunlage and from Brunnenbachsmühle via Sorge to Tanne. The line

verkehrsstrecke von Braunlage zur Verladestelle Wurmberg.

Nachdem 1905 die Gernrode-Harzgeroder Eisenbahn eine Verbindungsstrecke von Stiege nach Eisfelder Talmühle gebaut hatte und 1913 die Nordhausen-Wernigeroder Eisenbahn und Südharzeisenbahn in Sorge ein Verbindungsgleis errichtet hatten, war im Harz ein zusammenhängendes Schmalspurstreckennetz von ca. 200 km entstanden.

In den Folgejahren machten die drei privaten Eisenbahngesellschaften im Harz alle Höhen und Tiefen der wirtschaftlichen Entwicklung durch. Zunächst ging es bis zum Kriegsausbruch 1914 mit den Zahlen der beförderten Reisenden und der transportierten Güter bergauf. Dann wirkte sich der erste Weltkrieg und die anschließende Wirtschaftskrise sehr negativ auf die Bahnen aus. So fuhren 1923/24 zwischen Stiege und Eisfelder Talmühle fast eineinhalb Jahre gar keine Züge. Erst in der zweiten Hälfte der 20er Jahre erfolgte wieder eine Belebung. So wurden u. a. neue Fahrzeuge beschafft und der Oberbau auf vielen Strecken aller drei Gesellschaften saniert. Diese positive Entwicklung wurde durch die Weltwirtschaftskrise Anfang der 30er Jahre erneut unterbrochen. Mitte der 30er Jahre ging es wieder bergauf, erneut konnten neue Fahrzeuge, dieses Mal vor allem Triebwagen, beschafft werden.

Einschneidend wirkte sich der zweite Weltkrieg auf die Entwicklung der schmalspurigen Eisenbahnen im Harz aus. Nachdem einerseits Rationierungen in der Dieselkraftstoff- und Materialbeschaffung zu Einschränkungen im Fahrbetrieb führten, kam es andererseits zu erheblichen Ausweitungen im Raum Niedersachswerfen - Ilfeld durch die Rüstungsproduktion. Hier mußten Nordhausen-Wernigeroder

from Braunlage to the Wurmberg was for goods only.

In 1905 the Gernrode-Harzgerode Eisenbahn built a connecting line from Stiege to Eisfelder Talmühle, and in 1913 the Nordhausen-Wernigeroder Eisenbahn and the Südharzeisenbahn followed suit by building a connecting line at Sorge. Thanks to these actions the Harz region now had an interconnected narrow gauge railway system of some 200 km of lines.

The ups and downs of the greater history are also mirrored in the successes and failures of these railway companies. Until the beginning of the First World War in 1914, business in passenger as well as goods traffic increased steadily and profitably. But then the war itself and the economic crisis in its aftermath hit the lines very hard. In 1923/24, for example, train service between Stiege and Eisfelder Talmühle had to be discontinued. It was not until the second half of the „Golden Twenties“ that business looked better again. New rolling stock could be bought, and tracks as well as trackbeds on many of the three companies lines were repaired. But the global economic crisis at the beginning of the 1930s stopped this positive trend. Once again, though, the good times returned by the mid 30s, and once again new rolling stock could be bought. This time purchases focused on motorcars.

The advent of World War II was quite decisive for the narrow gauge railways in the Harz region. The rationing of diesel fuel and other materials led to serious cuts in the general services on the one hand, while the arms industry around Niedersachswerfen and Ilfeld called for a considerable extension in transport services on the other. The Nordhausen-Wernigeroder Eisenbahn and the Gernrode-Harzgeroder Eisen-

Eisenbahn und Gernrode-Harzgeroder Eisenbahn erhebliche Leistungen im Gütertransport sowie in der Beförderung von Beschäftigten und Zwangsarbeitern für die Rüstungsindustrie erbringen. Als Mitte April 1945 die Amerikaner den Harz erreichten, stellten alle drei Eisenbahngesellschaften zunächst ihren Betrieb ein.

Durch die Grenzziehung im Harz ab 1945 entstand eine völlig neue Situation. Während die Strecken der Nordhausen-Wernigeroder Eisenbahn und Gernrode-Harzgeroder Eisenbahn vollständig im sowjetischen Sektor lagen, wurde die Südharzeisenbahn zwischen Brunnenbachsmühle und Sorge unterbrochen. In der Folgezeit verkehrte die Südharzeisenbahn dann nur noch zwischen Walkenried und der Verladestelle Wurmberg über Braunlage. Dies führte letztendlich dazu, daß dieser Restbetrieb 1963 stillgelegt wurde. Auf dem verbliebenen Teilstück in der sowjetischen Besatzungszone von Sorge nach Tanne übernahm die Nordhausen-Wernigeroder Eisenbahn die Betriebsführung.

Als Folge des zweiten Weltkrieges wurde im Rahmen der zu erbringenden Reparationsleistungen die Gernrode-Harzgeroder Eisenbahn fast vollständig demontiert. Übrig blieb nur eine Anschlußbahn im Bereich Straßberg sowie der Streckenabschnitt von Eisfelder Talmühle nach Hasselfelde, auf dem die Nordhausen-Wernigeroder Eisenbahn die Betriebsführung übernahm. Im Sommer 1946 war die Demontage beendet. Aber bereits im Herbst des gleichen Jahres stellte sich heraus, daß für die wirtschaftliche Entwicklung diese Bahn entscheidend fehlte. So begann man von Straßberg aus, die Strecke in Richtung Gernrode wieder aufzubauen. 1949 schließlich war das als Selketalbahn bekannte Netz von Gernrode nach Straßberg mit der Abzweigung von Alexisbad

bahn were both intensively involved in these services for the arms industry, in particular the transport of goods as well as the transport of workers and forced labourers. When the American forces eventually reached the Harz mountains in 1945, all three railway companies discontinued their operations for a time.

The new border of 1945 divided the Harz mountains and created an entirely new situation. While the entire lines of the Nordhausen-Wernigeroder Eisenbahn and the Gernrode-Harzgeroder Eisenbahn belonged to the Soviet sector, the line of the Südharzeisenbahn was cut off between Brunnenbachsmühle and Sorge. As a result, the Südharzeisenbahn was limited to the service between Walkenried and the Wurmberg by way of Braunlage. In the end this limited and hardly profitable service was discontinued in 1963. On the other side in the Soviet sector, the remaining service from Sorge to Tanne was taken over by the Nordhausen-Wernigeroder Eisenbahn.

One of the consequences of World War II were immense reparations to be paid by the former German Reich. As part of these reparations, the lines of the Gernrode-Harzgeroder Eisenbahn were almost completely dismantled and shipped east. Only a connecting line near Straßberg and the section from Eisfelder Talmühle to Hasselfelde remained intact. Here the Nordhausen-Wernigeroder Eisenbahn took over the service. By summer 1946 the dismantling was completed. But already in the fall of that year it became obvious that the line was desperately needed for the economic recovery of the region. And so the line from Straßberg to Gernrode was rebuilt again. By 1949 the railway system known as the Selketalbahn with its lines from Gernrode to Straßberg

nach Harzgerode wieder vollständig aufgebaut.

Dagegen hatte die Nordhausen-Wernigeroder Eisenbahngesellschaft bereits im Oktober 1945 die Strecke von Nordhausen nach Wernigerode wieder vollständig in Betrieb. Lediglich der Verkehr auf den Brocken ruhte noch und wurde erst im Laufe des Jahres 1949 wieder aufgenommen.

Durch Verfügung der Landesregierung Sachsen-Anhalt wurden 1948 die Nordhausen-Wernigeroder Eisenbahn und Gernrode-Harzgeroder Eisenbahn enteignet. Beide Bahnen kamen zunächst zur sogenannten VVB (Vereinigung Volkseigener Betriebe) Landesbahnen Sachsen-Anhalt. Im März 1949 verfügte die Deutsche Wirtschaftskommission die Übernahme aller nicht reichseigener Eisenbahnen in Verwaltung und Nutznießung der Deutschen Reichsbahn zum 01. April 1949. Damit übernahm

and its branch from Alexisbad to Harzgerode was back in service.

In contrast to this the Nordhausen-Wernigeroder Eisenbahngesellschaft was luckier. Already in October 1945, the complete line from Nordhausen to Wernigerode was opened again. Only the service up to the Brocken had to wait and service did not start again until 1949.

In 1948 the government of the state of Sachsen-Anhalt ordered the expropriation of the Nordhausen-Wernigeroder Eisenbahn and the Gernrode-Harzgeroder Eisenbahn. Both lines first became a part of the so-called VVB (the association of the people's businesses). Yet in March 1949 the Deutsche Wirtschaftskommission decreed that all private railway lines were to be transferred to the administration and operation by the state-owned Deutsche Reichsbahn on April 1st, 1949. Thus the local Reichsbahn

die Reichsbahndirektion Magdeburg die Verantwortung für die Schmalspurbahnen im Harz.

In den 50er Jahren nahmen die Schmalspurbahnen im Harz eine durchaus positive Entwicklung. Die Zahl der Reisenden und die beförderten Gütertransportmengen stiegen wieder an. Ein schwerer Schlag für den sich entwickelnden Reiseverkehr war dann allerdings die Unterbrechung des Zugverkehrs zum Brocken am 13. August 1961. Fortan fuhren Reisezüge nur noch nach Schierke. Bereits in den Jahren 1954 und 1958 war die noch verbliebene Südharzeisenbahnstrecke von Sorge über den Anschluß Tanner Hütte nach Tanne stillgelegt worden.

Die Erdölkrise und in diesem Zusammenhang die Umstellung von Heizleistungen auf Braunkohle führten schließlich dazu, daß in Silberhütte ein Heizkraftwerk für das Selketal errichtet wurde. Dieses Heizkraftwerk sollte seine Braunkohle mit der Eisenbahn bekommen. Da ein Rollwagenverkehr von Gernrode aus nicht möglich war, wurde die nach 1945 zunächst nicht wieder aufgebaute Strecke von Straßberg nach Stiege in den Jahren 1983 und 1984 wieder hergestellt. Am 12. Januar 1984 erreichte der erste Kohlezug von Nordhausen aus Silberhütte. Am 3. Juni 1984 schließlich wurde auch der Reisezugverkehr wieder aufgenommen. Damit war im Harz das heute noch bestehende Streckennetz von 131 km entstanden.

Mit der politischen Wende im November 1989 in der damaligen DDR war auch der Brocken wieder zugänglich. Folgerichtig gab es massive Forderungen, aus der Region und auch überregional, mit der Eisenbahn wieder auf den Brocken zu fahren. Die Deutsche Reichsbahn ließ allerdings sehr schnell erkennen, daß sie kein

directorate at Magdeburg became responsible for the narrow gauge railways of the Harz region.

The 1950s were a rather positive period for the narrow gauge railways of the Harz. The number of passengers increased along with the amount of goods transported. Yet the growing tourist trade was seriously affected and reduced when services to the Brocken were terminated with the building of the Wall on August 13th, 1961. From then on passenger trains could not go beyond Schierke. A couple of years before, in 1954 and 1958, the remaining line of the Südharzeisenbahn from Sorge to Tanne by way of Tanner Hütte had already been discontinued.

The first oil crisis of the early 1970s and the subsequent change to soft coal for heating purposes eventually led to the building of a new central heating unit for the Selketal at Silberhütte. This plant was to receive its supply of soft coal by rail. Since a transport by railway bogie from Gernrode proved impossible, the old line from Straßberg to Stiege, which had not been rebuilt after 1945, was a logical choice and was restored in 1983 and 1984. And on January 12th, 1984, the first coal train from Nordhausen arrived at Silberhütte. With the line back in operation, passenger service also resumed about half a year later on June 3rd, 1984. Thus today's operational network of 131 kilometres was completed.

In 1989, the winds of political change that eventually blew away the old GDR also made the Brocken peak accessible once more. So calls to restore railway service to the Brocken peak became louder and louder within as well as without the region. Yet the Deutsche Reichsbahn showed little interest in the running of narrow

Interesse am Betrieb von Schmalspurbahnen habe und auch die Sanierung der Brockenstrecke nicht finanzieren werde. So waren die Kommunalpolitiker vor Ort gefragt und am 18. März 1991 wurde eine kommunale Gründungsgesellschaft zum Erhalt der Schmalspurbahnen im Harz in Wernigerode ins Leben gerufen. Die Finanzierung der Sanierungsarbeiten an der Brockenstrecke wurde durch diese Gesellschaft und das Land Sachsen-Anhalt sichergestellt, so daß bereits am 15. September 1991 mit zwei Sonderzügen der Verkehr zum Brocken wieder aufgenommen werden konnte. Am 1. Juli 1992 wurde dann der Regelreisezugverkehr wieder eingeführt.

Zwischenzeitlich war am 19. November 1991 aus der genannten kommunalen Gründungsgesellschaft die Harzer Schmalspurbahnen GmbH entstanden. Diese Gesellschaft übernahm am 1. Februar 1993 den Betrieb auf der Harzquer-, Selketal- und Brokkenbahn von der damaligen Deutschen Reichsbahn.

Durch die Harzer Schmalspurbahnen GmbH wurden zwischenzeitlich eine ganze Reihe von Rationalisierungsmaßnahmen eingeleitet, wie z. B. der Einsatz von Triebwagen oder der Ersatz mechanischer Vollschrankenanlagen durch automatische Anlagen. Dennoch hat die Bahn viel vom Flair der Dampfeisenbahn behalten, so daß es sich für jeden Eisenbahnfreund nach wie vor lohnt, die Schmalspurbahnen im Harz zu besuchen.

Seite 12/13: Lokomotiven 99 5903 und 99 5901 in alter NWE-Farbgebung auf dem Bahnhof in Schierke.

gauge railways and even less in paying for the much needed repair of the tracks up to the Brocken peak. That was the hour of the local politicians, and on March 18th, 1991, a first publicly owned company was formed at Wernigerode with the specific intention to secure the operation of narrow gauge railways in the Harz region. This company and the state of Sachsen Anhalt then raised and secured the funds needed to restore the Brocken line to active service. Thanks to their efforts the first two special trains made their journey up to the Brocken peak on September 15th, 1991. Hardly a year later, on July 1st, 1992, the regular passenger service was taken up again.

In the meantime, the first and still rather makeshift company had been reorganised as Harzer Schmalspurbahnen GmbH (Harz Narrow Gauge Railway Ltd.). And on February 1st, 1993 this very company took over operations from the Deutsche Reichsbahn for the Harzquerbahn, the Selketalbahn and the Brockenbahn.

Since then the Harzer Schmalspurbahnen GmbH has taken quite a few measures of rationalising operations, among them the use of motor coaches or the replacement of hand-operated mechanical barriers by automated barriers. Inspite of these inescapable tributes to modern days, the railway has yet managed to retain a lot of the romantic flair of the steam age days and thus remained a rewarding destination for railway fans.

page 12/13: engines 99 5903 and 99 5901 still in their old NWE colours under steam at Schierke station.

13
11

Fahrzeugpark

1. Dampflokomotiven

99 5901 bis 99 5903

Diese Lokomotiven gehören zur Erstausstattung der Nordhausen-Wernigeroder Eisenbahn. 1897 bzw. 1898 gebaut, sind zwei von ihnen, die 99 5901 und 99 5903 heute die ältesten betriebsfähigen Schmalspurdampflokomotiven im Harz. Hersteller dieser Lokomotiven war die Firma Jung in Jungenthal bei Kirchen an der Sieg. Die Gelenklokomotiven der Bauart Mallet waren für die engen Bögen im Harz (bis 60 m Radius) besonders gut geeignet. Nachdem 1956 die Neubaudampflokomotiven angeliefert wurden und einsatzfähig waren, kamen die Malletlokomotiven zur Einsatzstelle Gernrode (Harz) auf die Selketalbahn. Dieser Einsatz währte bis 1989. Wegen der Umstellung des Bremssystems auf Druckluftbremse konnte danach zunächst kein weiterer Einsatz erfolgen. Erst die Initiative der Interessengemeinschaft Harzer Schmalspurbahnen e. V. ermöglichte es, in den Jahren 1992/93 zwei Lokomotiven auf Druckluftbremse umzubauen, so daß sie heute für Sonderfahrten in Wernigerode zur Verfügung stehen.

99 5906

Gleichfalls eine Gelenklokomotive der Bauart Mallet ist die 99 5906. Sie wurde 1918 von der Maschinenbaugesellschaft Karlsruhe für die Heeresfeldbahn gebaut. Nach Ende des ersten Weltkrieges erwarb die Nordhausen-Wernigeroder Eisenbahn diese Lokomotive von der Heeresfeldbahn. Auch sie wurde 1956 von Wernigerode nach Gernrode (Harz) zum Einsatz auf die Selketalbahn umgesetzt. Sie wurde 1989 zunächst abgestellt. Anfang 1991 verkaufte die Deutsche Reichsbahn die Lokomotive an den Deutschen Eisenbahnverein in Bruch-

Rolling Stock

1. Steam Engines

99 5901 to 99 5903

These engines were the very first engines of the Nordhausen-Wernigeroder Eisenbahn. Built in 1897 and 1898 respectively, two of them, the 99 5901 and 99 5903 are the oldest, still operative narrow gauge steam engines in the Harz region. They were built at the Jung factory in Jungenthal near Kirchen on the Sieg river. These so-called Mallet locomotives had a divided drive train and thus were very suitable for the tight bends of the Harz lines (as little as 60 metres in radius). When the new locomotives were delivered in 1956 and were put into service, the old Mallet engines were transferred to Gernrode (Harz) for service on the Selketalbahn. This tour of duty lasted until 1989. When the braking system was changed over to air brake, the engines had to be put out of service. Only the relentless activities of the supporters and friends of the Harzer Schmalspurbahnen made it possible to have two locomotives equipped with air brakes in 1992/93. Since then they are available at Wernigerode for special trains.

99 5906

The 99 5906 is another engine of the Mallet design and was built in 1918 by the Maschinenbaugesellschaft Karlsruhe to be delivered to the army railway corps. When the First World War was over, the Nordhausen-Wernigeroder Eisenbahn acquired this locomotive from the army railway corps. In 1956, this engine was also transferred from Wernigerode to Gernrode (Harz) to continue service on the Selketalbahn. Having put it out of service in 1989, the Deutsche Reichsbahn sold this locomotive to the Deutsche Eisenbahnverein in Bruchhausen-Vilsen

99 5901 - älteste betriebsfähige Dampflok im Harz als NWE 11 in Wernigerode.

99 5901 - oldest operative steam engine in the Harz as NWE 11 at Wernigerode.

99 7222 - Einheitsdampflokomotive von der Firma Schwartzkopff, Baujahr 1931.

99 7222 - a standard steam engine by the Schwartzkopff company, built 1931.

Malletdampflokomotive 99 5906, eine ehemalige Heeresfeldbahnlok in Gernrode, die nach dem 1. Weltkrieg von der NWE übernommen wurde und heute im Selketal eingesetzt wird.

The 99 5906, a Mallet steam engine once belonging to the army railway corps. Having been acquired by the NWE after World War I, it is now in service on the Selketal line.

hausen-Vilsen. Nochmals wurde sie dann von der Deutschen Reichsbahn 1992 an die Harzer Schmalspurbahnen GmbH verkauft. Somit war zunächst eine schwierige Situation entstanden, da sowohl der Deutsche Eisenbahnverein als auch die Harzer Schmalspurbahnen GmbH Anspruch auf die Lokomotive erhoben. Durch den Einsatz aller Beteiligten wurde eine Lösung erzielt. Der Deutsche Eisenbahnverein erhielt eine baugleiche Malletlokomotive, die die Deutsche Reichsbahn von der Albtalverkehrsgesellschaft Karlsruhe erworben hatte. Die 99 5906 verblieb im Harz. Sie wurde 1995 im Werk Meiningen der Deutschen Bahn AG aufgearbeitet, auf Druckluftbremse umgerüstet und

early in 1991. About a year later, in 1992, the Deutsche Reichsbahn sold the engine again, this time to the Harzer Schmalspurbahnen GmbH. So there was one locomotive and two buyers, the Deutsche Eisenbahnverein and the Harzer Schmalspurbahnen GmbH, asking for delivery. Fortunately this rather weird situation could be resolved by the joint efforts of all parties involved. Eventually the Deutsche Eisenbahnverein received another engine, a Mallet acquired by the Deutsche Reichsbahn from the Albtalverkehrsgesellschaft at Karlsruhe. The 99 5906 remained in the Harz. In 1995 the engine was overhauled at the Meiningen shop of the Deutsche Bahn AG and

99 6001 - einzige NWE Einheitslok, Baujahr 1939, die heute im Selketal eingesetz wird.

ist seit diesem Zeitpunkt wieder in Gernrode (Harz) im Einsatz.

99 6001

1939 lieferte die Firma Krupp in Essen eine Dampflokomotive an die Nordhausen-Wernigeroder Eisenbahngesellschaft aus. Diese war der Vorläufer eines geplanten Typenprogrammes von Schmalspurdampflokomotiven, das die Nordhausen-Wernigeroder Eisenbahngesellschaft in Auftrag gegeben hatte. Infolge des beginnenden zweiten Weltkrieges kamen allerdings keine weiteren mehr zur Ausführung. Die Lokomotive bewährte sich bei der Nordhausen-Wernigeroder Eisenbahngesellschaft gut und kam 1956 mit den Mallets gemeinsam nach der Lieferung der Neubaulokomotiven ins Selketal. Dort ist sie noch heute im

The 99 6001 is the only NWE standard steam engine. Built in 1939 it is now in service on the Selketal line.

equipped with air brakes. Since then it is back in service at Gernrode (Harz).

99 6001

In 1939 the Krupp corporation at Essen delivered at steam engine to the Nordhausen-Wernigeroder Eisenbahngesellschaft. It was to be the prototype of an entire line of narrow gauge steam engines ordered by the Nordhausen-Wernigeroder Eisenbahngesellschaft. But the outbreak of the Second World War ended all construction work and subsequent deliveries. The locomotive, though, was a quite effective one. After its tour of duty at the Nordhausen-Wernigeroder Eisenbahngesellschaft, it found itself replaced by the arrival of the new engines in 1956 and followed the Mallet engines to do service on the Selketal

99 6102 - eine ehemalige Heeresfeldbahnlok in Naßdampfausführung.

99 6102 - a wet steam engine originally owned by the army railway corps.

Einsatz, nachdem sie zwischenzeitlich als grüne NWE 21 auch den Traditionszug bespannt hatte.

99 6101 und 99 6102

1914 ließ die Heeresfeldbahn zwei Dampflokomotiven durch Henschel in Kassel erbauen. Sie waren im Prinzip bauartgleich und unterschieden sich dadurch, daß die 99 6101 als Heißdampflokomotive und die 99 6102 als Naßdampfmaschine ausgeführt wurden. Die Heeresfeldbahn wollte damit erproben, welche Antriebsart für ihre Dampflokomotiven besser geeignet war. Die Probefahrten fanden durch das württembergische Eisenbahnregiment auf einer eigens hierfür errichteten sehr steilen Strecke in der Nähe von Drei Annen Hohne statt. Zum Ende des ersten Weltkrieges erwarb die Nordhausen-Wernigeroder Eisenbahn-

line. For a time it had born the green NWE 21 and even been used on the heritage train.

99 6101 and 99 6102

In 1914 the army railway corps had two steam engines built by the Henschel company at Kassel. The design of the two engines was basically the same but for the fact that the 99 6101 was a hot steam engine and the 99 6102 was a wet steam engine. The army railway corps had initiated the program to find out which of the two engines would best meet its need for effective steam traction. The trial runs were undertaken by the Württemberg railway regiment who had an extra steep track laid near Drei Annen Hohne. Near the end of the First World War the Nordhausen-Wernigeroder Eisenbahngesellschaft bought

99 6101 -Schwesterlok der 99 6102 in Heißdampfausführung.

99 6101 - the sister engine of 99 6102 is a hot steam engine.

gesellschaft beide Lokomotiven, eine davon über den Umweg der Nassauischen Kleinbahn. Sie waren relativ leistungsstark und wurden vor allem im Rangierdienst und Rollbockverkehr in Wernigerode und Nordhausen eingesetzt. Dieses Einsatzgebiet blieb ihnen, von einigen Einsätzen im Selketal abgesehen, bis 1989 erhalten. Nach Ablauf ihrer Kesselfrist wurden beide Lokomotiven zunächst abgestellt, da aufgrund des zurückgegangenen Gütertransports kein weiterer Einsatz notwendig war. Durch die Interessengemeinschaft Harzer Schmalspurbahnen e. V. bzw. den Freundeskreis Selketalbahn e. V. wurden allerdings die 99 6101 in 1994 und die 99 6102 in 1997 wieder aufgearbeitet, so daß beide Lokomotiven heute für den Sonderreiseverkehr zur Verfügung stehen.

both engines, one directly and one by way of the Nassauische Kleinbahn. The two engines were quite powerful and were mostly used for switching services at Wernigerode and Nordhausen and for railway bogie traffic. With the exception of a few tours of duty with the Selketal line, the two engines remained with this service until 1989. When their periodical boiler overhaul was due, they were put out of service because the steady decline in goods traffic made further use unnecessary. Through the initiative of the special interest groups of the Interessengemeinschaft Harzer Schmalspurbahnen e.V. and the Freundeskreis Selketalbahn e.V. both engines were eventually saved and overhauled, the 99 6101 in 1994 and the 99 6102 in 1997 and are now available for special services.

99 7222

1931 ließ die Deutsche Reichsbahn bei Schwartzkopff drei Einheitslokomotiven für 1000 mm Spur für die Strecke Eisfeld - Schönbrunn (Kreis Hildburghausen) bauen. Zwei dieser Lokomotiven kamen während des zweiten Weltkrieges nach Norwegen, wo sie später verschrottet wurden. Die verbliebene Lokomotive 99 222 (ab 1970 99 7222) lief bis 1966 beim Lokbahnhof Eisfeld des Bahnbetriebswerkes Meiningen. Danach wurde sie zum Bahnbetriebswerk Wernigerode Westerntor umgesetzt und kommt seitdem auf dem Netz der Harzer Schmalspurbahnen zum Einsatz.

99 7231 bis 99 7247

Um den akuten Lokmangel auf den meterspurigen Strecken nach dem 2. Weltkrieg abzustellen, beauftragte die Deutsche Reichsbahn den Lokomotivbau Karl Marx Potsdam-Babelsberg mit dem Herstellen von 17 sogenannten Neubaudampflokomotiven. Hinsichtlich der Konstruktion lehnte man sich sehr eng an die Einheitslokomotive aus den 30er Jahren an. Die ersten Maschinen wurden 1954 an das Bahnbetriebswerk Wernigerode Westerntor ausgeliefert. Nach anfänglichen Schwierigkeiten, insbesondere hinsichtlich des Bogenlaufes, kamen die Lokomotiven nach und nach zum Einsatz. Vier Lokomotiven wurden nach Eisfeld zur Schmalspurstrecke Eisfeld - Schönbrunn (Kreis Hildburghausen) umgesetzt. Drei weitere wurden nach Gera-Pforten zur Schmalspurstrecke Gera-Pforten - Wuitz-Mumsdorf ebenfalls umgesetzt. Dort konnten die Lokomotiven auf Grund der Achslast allerdings nicht eingesetzt werden, so daß sie nach einiger Zeit des Herumstehens wieder nach Wernigerode Westerntor zurückversetzt wurden. Die vier Lokomotiven in Eisfeld verblieben dort bis zur Betriebs-

99 7222

In 1931 the Deutsche Reichsbahn ordered three standard issue steam engines for the 1000 mm gauge line from Eisfeld to Schönbrunn (county Hildburghausen). During the Second World War two of these locomotives went into service in Norway where they were scrapped later. The remaining engine 99 222 (numbered 99 7222 as from 1970) was based at the engine shed of Eisfeld of the maintenance shop Meiningen until 1966. Later it was transferred to the maintenance shop at Wernigerode Westerntor. Since then it has been in service for the Harzer Schmalspurbahnen.

99 7231 to 99 7247

The damages suffered during the Second World War had led to a serious shortage of engines for the 1000 mm narrow gauge network. So the Deutsche Reichsbahn ordered the Lokomotivbau Karl Marx at Potsdam-Babelsberg to build 17 so called New Steam Engines. The technical design of these engines is a very close copy of the standard issue locomotives of the 1930s. The first engines were delivered to the Bahnbetriebswerk Wernigerode Westerntor in 1954. After some minor technical hitches, in particular with respect to the cornering abilities, the engines were put into service one after the other. Four of them were transferred to Eisfeld and the narrow gauge line from Eisfeld to Schönbrunn (county Hildburghausen). Three more were transferred to Gera-Pforten and the narrow gauge line from Gera-Pforten to Wuitz-Mumsdorf. But because of their high axle weight the engines could not go into service there, and after sitting around for a time they were returned to Wernigerode Westerntor. The four engines at Eisfeld remained in active service there until the line closed down in

Neubaudampflokomotive 99 7241.

einstellung 1973 und wurden danach ebenfalls zum Bahnbetriebswerk Wernigerode Westerntor umgesetzt. Somit befanden sich hier alle 17 sogenannten Neubaudampflokomotiven. Diese bewährten sich auf dem Netz der Harzer Schmalspurbahnen sowohl vor schweren Reise- als auch Güterzügen recht gut. Nach und nach kamen sie ab 1983 auch auf der Selketalbahn zum Einsatz und ersetzten schließlich hier die Malletlokomotiven und die 99 6001. Ende der 70er Jahre wurden alle 17 Neubaudampflokomotiven im damaligen Ausbesserungswerk Görlitz Schlauroth auf Ölhauptfeuerung umgestellt. Die Erdölkrise führte dann aber Anfang der 80er Jahre relativ rasch zum Rückbau aller 17 Dampflokomotiven auf Rostfeuerung. Während der Zeit der Ölhauptfeuerung trugen die Lokomotiven die Nummern 99 0231 bis 99 0247. Bis 1970 hatten sie die Nummern 99 231 bis 99 247.

New Steam Engine 99 7241.

1973 and then were transferred back to the Bahnbetriebswerk (maintenance shop) Wernigerode Westerntor. Thus all 17 so-called New Steam Engines had eventually returned to the place of their original service. And they continued to prove themselves useful on all lines of the Harzer Schmalspurbahnen, be it passenger service or goods service. From 1983 on they also saw service on the Selketal line and eventually came to replace the Mallet locomotives and the 99 6001. In the late 1970s, all 17 New Steam Engines were changed to oil burning at the Ausbesserungswerk at Görlitz Schlauroth. But those days did not last long, for the oil crisis in the early 1980s saw all 17 steam engines quickly changed back to the original coal burning. In the days of oil burning, the engines went by the numbers 99 0231 to 99 0247. Until 1970 they had borne the numbers 99 231 to 99 247.

2. Dieselllokomotiven

199 005 und 199 006

1983 wurden nach Umspurung des verbliebenen Restabschnittes der Spreewaldbahn in Cottbus zwei Diesellokomotiven des Typs V10C von Cottbus Spreewaldbahnhof nach Wernigerode Westerntor umgesetzt. Sie kamen auf dem Netz der Schmalspurbahnen im Harz nur im Rangierbetrieb auf den Endbahnhöfen zum Einsatz. Derzeit sind beide Lokomotiven abgestellt und befinden sich in der Pflege der Interessengemeinschaft Harzer Schmalspurbahnen e. V.

199 010 bis 199 012

Diese Diesellokomtotiven entstanden durch Umspurung regelspuriger Loks im Zeitraum von 1984 bis 1990. Sie waren ebenfalls nur für den Rangierdienst geeignet. Derzeit ist nur eine Lokomotive einsatzbereit, die den Rangierdienst in der Werkstatt Wernigerode Westerntor bewältigt.

199 301

Bei dieser Diesellokomotive handelt es sich um eine Versuchslok, die 1966 vom Lokomotivbau Karl Marx Potsdam-Babelsberg gebaut worden ist. Sie war der Prototyp für eine Serie von Diesellokomotiven für die indonesische Staatsbahn und wurde in Wernigerode erprobt. Nach Beendigung der Erprobung erwarb 1970 die Deutsche Reichsbahn die Lok und setzte sie vor allem im Rangier- und Rollbockdienst in Nordhausen-Nord ein. Nach Ablauf aller Fristen ist diese Lokomotive zwischenzeitlich abgestellt worden.

Baureihe 199.8

Ende der 80er Jahre entschloß sich die Deutsche Reichsbahn, den Dampflokbetrieb im Harz auf Dieselbetrieb umzustellen. Dazu sollten 30 Lokomotiven der damaligen Baureihe

2. Diesel Engines

199 005 and 199 006

After the Spreewald Railway at Cottbus had been completely converted to regular gauge tracks, two type V10C diesel engines were transferred from Cottbus Spreewald station to Wernigerode Westerntor. Both engines were only used for switching services at the terminal stations of the Harz narrow gauge railways before they were put out of service. At present they are being cared for by the a private group, the Interessengemeinschaft Harzer Schmalspurbahnen e.V.

199 010 to 199 012

These diesel engines were converted to narrow gauge use from regular gauge engines between 1984 and 1990. They, too, were only used for switching services. Only one of them is now in active service and takes care of the switching at the Wernigerode Westerntor maintenance shop.

199 301

This diesel engine is an experimental model built by the Lokomotivbau Karl Marx at Potsdam-Babelsberg in 1966. It was a prototype for a series of locomotives to be delivered to the Indonesian State Railway and was tested at Wernigerode. After the end of the extensive test programs the engine was acquired by the Deutsche Reichsbahn to be used in switching and rail bogie transport services at Nordhausen-Nord. The engine was put out of service when all prescribed deadlines for maintenance and service had expired.

Type 199.8

Towards the end of the 1980s, the Deutsche Reichsbahn decided to phase out all steam engines and transfer all services in the Harz region to diesel traction. Plans called for 30

Ehemalige Regelspurdiesellokomotive der Deutschen Reichsbahn als 199.8.

A 199.8, a former regular gauge diesel engine of the Deutsche Reichsbahn.

110 auf schmalspurige Drehgestelle gestellt werden bei gleichzeitiger Leistungserhöhung auf 1.200 PS. Die erste Lokomotive erschien Ende 1988 beim Bahnbetriebswerk Wernigerode Westerntor. Nach einigen anfänglichen Schwierigkeiten bewährten die Lokomotiven sich recht gut. Die politische Wende in der damaligen DDR verhinderte die Ausführung der Planungen. Nur 10 Lokomotiven wurden letztendlich umgebaut. Aufgrund der neuen Entwicklungen im Harztourismus wurde der Dampflokomotive Vorrang gegeben. So kommen die Dieselloks heute nur vor Güterzügen, Arbeitszügen, im Rangierdienst sowie im Winter für den Schneeräumdienst zum Einsatz. Dafür werden aber nicht alle benötigt, so daß derzeit 5 Lokomotiven von der Instandsetzung zurückgestellt sind. Ein neues Aufgabenfeld wird sich im Gütertransport mit neuen Rollböcken ab 1998 ergeben.

regular gauge diesel engines of the type 110 to be converted to narrow gauge bogies. At the same time the engines were to be boosted to 1200 HP. The first locomotive arrived at the engine shed of Wernigerode Westerntor by the end of 1988. After some initial problems these engines proved themselves quite reliable. But the political changes that swept away the GDR kept the order from being carried out swiftly. In the end only 10 locomotives were converted. Due to the new developments in tourism, steam engines were favoured again anyhow. So the diesel engines find themselves limited to goods and service trains, switching duties and last not least snow moving duties on winter days. Since these jobs do not require the use of all engines, five are presently off scheduled maintenance. This may change in 1998 when new bogies are introduced for increased goods services.

Triebwagen 187 001, einzig erhaltenes Triebfahrzeug der ehemaligen Gernrode-Harzgeroder Eisenbahn.
Motor coach 187 001 - the only surviving motor coach of the former Gernrode-Harzgerode Railway.

3. Triebwagen

187 001

Im Jahr 1933 beschaffte die Gernrode-Harzgeroder Eisenbahn ihren ersten und einzigen Triebwagen, den sie als T 1 bezeichnete. Hersteller des Fahrzeuges, welches 25 Sitzplätze bot, war die Waggonfabrik Dessau. Das Fahrzeug sorgte auf den schwach ausgelasteten Strecken der Gernrode-Harzgeroder Eisenbahn für eine deutliche Kostenreduzierung. 1945 stand es im Lokschuppen des Bahnhofs Eisfelder Talmühle und wurde durch die NWE nach Wernigerode Westerntor gebracht, so daß es dem Abtransport in dieser Region entging. Nach Wiederaufbau der Selketalbahn kam der Triebwagen wieder in Gernrode zum Einsatz. Nachdem aufgrund der in Wernigerode vorhandenen Neubaudampflokomotiven die Malletlokomotiven der ehemaligen NWE nach Gernrode umgesetzt wurden, war sein Einsatz im Personen-

3. Motor Coaches

187 001

In 1933 the Gernrode-Harzgeroder Eisenbahn bought its first and only motor coach, which was then given the number T 1. Made by the Waggonfabrik Dessau, this motor coach had a seating capacity of 25 passengers. Its very economical operating costs helped to make the little used lines of the Gernrode-Harzgeroder Eisenbahn if not profitable then at least less costly. The year 1945 saw it sitting at the engine shed of the Eisfelder Talmühle station. The NWE had it brought to Wernigerode Westerntor, so that it escaped the fate of the other rolling stock that was sent east as reparations. After the Selketalbahn had been rebuilt, the motor coach was returned to Gernrode and active service. With the arrival of the New Steam Engines at Wernigerode, the Mallet locomotives of the former NWE there were transferred to Gernrode. This in turn made the operation of the motorcoach as a passenger transport unnecessary. In the meantime the motor coach had received the new number 133 522 by the Deutsche Reichsbahn. The conversion to a service and maintenance car brought another number again. Now going by 187 001, the motor coach remained in service until the early 1980s before it was put out of service. In 1989 it underwent a complete overhaul at the maintenance works at Haldesleben. Fully restored as a historic vehicle it is now available for special rides.

187 011 and 187013

The Harzer Schmalspurbahnen GmbH acquired these two motor coaches in 1995 from the Inselbahn Langeoog. Built by Thalboot-Ahrend, they were originally delivered to the Kreis-Altonaer-Eisenbahn and later sold to the Insel-

verkehr nicht mehr erforderlich. Der Triebwagen, der zwischenzeitlich die Nummer 133 522 von der Deutschen Reichsbahn erhalten hatte, wurde zum Gerätetriebwagen umgebaut. In dieser Eigenschaft war er bis Anfang der 80er Jahre nunmehr als 187 001 im Einsatz. Danach wurde er abgestellt und 1989 im damaligen Bahnbetriebswerk Haldensleben als historisches Fahrzeug wieder aufgearbeitet. Seitdem steht er für Sonderfahrten zur Verfügung.

187 011 und 187 013

1995 erwarb die Harzer Schmalspurbahnen GmbH von der Inselbahn Langeoog diese beiden Triebwagen. Sie waren 1955 von Thalboot Ahrend für die Kreis-Altonaer-Eisenbahn gebaut worden und gelangten später zur Inselbahn Langeoog. Die Fahrzeuge wurden im ersten Halbjahr 1996 im damaligen Ausbesserungswerk Halberstadt den Bedingungen der HSB angepaßt und sind seit dem Sommerfahrplan 1996 im Einsatz.

187 012

Auch diesen Triebwagen kaufte die HSB 1995 von der Inselbahn Langeoog. Er war 1955 von Fuchs für die Mittelbadische Eisenbahngesellschaft gebaut worden. Dieses Unternehmen setzte den Triebwagen zunächst auf der Wiesenthalbahn Teltow ein. Über mehrere Stationen kam er schließlich zur Inselbahn Langeoog. Auch dieses Fahrzeug wurde im damaligen Ausbesserungswerk Halberstadt umfassend instandgesetzt und den HSB-Bedingungen angepaßt und kommt seit Februar 1996 auf dem Netz der HSB zum Einsatz. Gemeinsam mit den anderen beiden genannten Triebwagen der Inselbahn Langeoog stellt er eine Übergangslösung bis zur Beschaffung neuer Triebfahrzeuge dar.

Triebwagen 187 012 wurde von der Inselbahn Langeoog übernommen.
The motor coach 187 012 was bought from the Inselbahn Langeoog.

bahn Langeoog. In the first months of 1996, both cars were completely overhauled at the maintenance works in Halberstadt. Refurbished to the needs of the HSB, they were put into service with the summer schedule 1996.

187 012

This is another motor coach that the HSB acquired from the Inselbahn Langeoog. It was built by Fuchs in 1955 for the Mittelbadische Eisenbahngesellschaft and first put into service at this company's Wiesenthalbahn in Teltow. The car passed through a number of hands and services before it reached the Inselbahn Langeoog. Like the other two motor coaches it was overhauled at the maintenance shop in Halberstadt and refurbished to HSB standards. It is part of the HSB's active rolling stock since February 1996. Yet all three motor coaches acquired from the Inselbahn Langeoog are nothing more than a preliminary measure until new rolling stock can be bought in the future.

Triebwagen 187 015 - erster Neubautriebwagen der HSB.

Motor coach 187 015 - the first truly new motor coach of the HSB.

187 015

Bei diesem Triebwagen, der 1996 durch das damalige Ausbesserungswerk Wittenberge der Deutschen Bahn AG gebaut wurde, handelt es sich um einen Prototyp für Neubaufahrzeuge. Er ist seit dem Sommerfahrplan 1996, vor allem für den Berufs-, Schüler- und Regionalverkehr im Raum Nordhausen im Einsatz. Er wurde in der Zeit von 1996 bis 1997 umfangreichen Erprobungen unterzogen, so daß nunmehr eine Serie von vier weiteren Triebwagen, dieses Mal beim Fahrzeugwerk Halberstadt des Geschäftsbereiches Spezialwerke der Deutschen Bahn AG in Auftrag gegeben wurde. Diese Fahrzeuge werden ab März 1999 ausgeliefert und erhalten die Nummern 187 016 bis 187 020.

187 025

Auch die NWE beschaffte eine Reihe von Triebwagen. Der erste Triebwagen wurde 1936 als T 1 ausgeliefert.

187 015

This motor coach was built in 1996 at the Deutsche Bahn AG's maintenance works at Wittenberg. It is a prototype for a new series of motor coaches and was put into service with the summer schedule of 1996. Employed in the Nordhausen area in particular for the transport of commuters and pupils, it was put through extensive tests in 1996 and 1997. Considered ready for production, the HSB has ordered a first series of four motor coaches. They are to be built at the Deutsche Bahn AG's Fahrzeugwerke Halberstadt, a part of its Geschäftsbereich Spezialwerke. If all goes according to schedule, these motor coaches are to be delivered starting in March 1999 and will receive the numbers 187 016 to 187 020.

187 025

The old NWE bought a number of motor coaches as well. The first was delivered as T 1 in 1936. Two more

Triebwagen 187 025 in seiner Ursprungsausführung als NWE T3.

Motor coach 187 025 in its original outfit as NWE T3.

Zwei weitere Triebwagen, bei denen es sich um reine Schlepptriebwagen handelte, wurden 1940 an die NWE geliefert als T 2 und T 3. Diese beiden Triebwagen kamen im zweiten Weltkrieg aufgrund des Dieselkraftstoffmangels kaum noch zum Einsatz. Alle drei Triebwagen wurden 1949 von der Deutschen Reichsbahn als VT 137 561, 137 565 und 137 566 übernommen. Während die Triebwagen 137 561 (dieser nach einem kurzen Einsatz bei der Spreewaldbahn Straupitz) und 137 565 verschrottet wurden, blieb allein 137 566, der ehemalige NWE T 3 nunmehr als 187 025 erhalten. Nachdem die Neubaudampflokomotiven den Betrieb in Wernigerode übernommen hatten, wurde er in untergeordnete Dienste abgedrängt und letztmalig Mitte der 70er Jahre eingesetzt. Danach stand er fast 20 Jahre abgestellt, bevor ihn die Harzer Schmalspurbahnen GmbH wieder aufarbeiten ließ. Er kann nun für Sonderfahrten eingesetzt werden.

motor coaches followed soon. But these two were purely engine cars intended to pull loads. Delivered to the NWE as T2 and T3 in 1940, they saw little active service when diesel fuel became a scarce and precious commodity during World War II. All three motor coaches were taken over by the Deutsche Reichsbahn in 1949 and numbered VT 137 561, 135 565 and 137 566 respectively. The motor coaches 137 561 (this one after a short tour of duty at the Spreewaldbahn Straupitz) and 137 565 were eventually scrapped. Only 137 566, the former NWE T3 survived and was renumbered 187 025. After the New Steam Engines had taken over the service at Wernigerode, the motor coach was left for lesser duties and saw its last active service in the mid 1970s. Then it was more or less left to rot until the Harzer Schmalspurbahnen GmbH commissioned its overhaul. Since then it can be used for special services.

GHE-Triebwagen und NWE-Malletlok in der Werkstatt Westerntor.

Das Bahnbetriebswerk der HSB in Wernigerode

Die heutige Fahrzeugwerkstatt in Wernigerode Westerntor entstand 1926 als Umbau aus der alten Werkstatt der Nordhausen-Wernigeroder Eisenbahn. In dieser Werkstatt führte die Nordhausen-Wernigeroder Eisenbahn alle notwendigen Arbeiten an den Fahrzeugen, einschließlich der Hauptuntersuchungen durch.

Nach der Übernahme durch die Deutsche Reichsbahn 1949 wurde die

GHE motor coach and NWE Mallet locomotive at the Westerntor shop.

The Maintenance Shop of the HSB at Wernigerode

Today's maintenance shop at Wernigerode Westerntor was rebuilt in 1926 from the original shop of the Nordhausen-Wernigeroder Eisenbahn. This shop was responsible for all the necessary maintenance and repairs up to and including the regular safety inspections for all the rolling stock of the Nordhausen-Wernigeroder Eisenbahn.

After the Deutsche Reichsbahn had taken over the shop in 1949, it was

Neubaudampflok 99 7243 ist in der Werkstatt angehoben worden.

Werkstatt in die Strukturen der Deutschen Reichsbahn überführt, so daß ab Mitte der 50er Jahre die Hauptuntersuchungen an den Triebfahrzeugen nicht mehr in der eigenen Werkstatt, sondern in speziellen Ausbesserungswerken erfolgte. Heute werden in der Werkstatt sämtliche laufenden Arbeiten, außer den Hauptuntersuchungen an allen Fahrzeugen der Schmalspurbahnen im Harz durchgeführt. Trotz einiger neuerer Technik kann man doch nach wie vor hier eine klassische Dampflokwerkstatt erleben.

New Steam Engine 99 7243 has been lifted up for inspection at the shop.

integrated into the organisation of the Deutsche Reichsbahn. As a result, the main safety inspections of all engines were not carried out anymore by this shop but transferred in the mid 1950s to a few specialised institutions. Today, the shop is responsible for all necessary repairs and maintenance on all of the narrow gauge rolling stock in the Harz region with the exception of the main safety inspections. Although some new technology has been introduced, one can still experience a true steam engine shop.

Vielseitige Arbeiten in der Werkstatt Wernigerode Westerntor.

Two of the many different jobs at the Wernigerode Westerntor shop.

Dampf- und Diesellok in der Werkstatt Wernigerode Westerntor.

A steam and a diesel engine at the shop at Wernigerode Westerntor.

99 7240 in der Werkstatt Wernigerode Westerntor auf dem Auswaschstand.

99 7240 at the washing site of the shop at Wernigerode Westerntor.

Selketalbahn

Die Selketalbahn beginnt am Nordrand des Harzes in Gernrode auf einer Höhe von 204 ü. NN. Hier in Gernrode befindet sich die Einsatzstelle, in der die Triebfahrzeuge der Selketalbahn beheimatet sind.

Von Gernrode aus verläuft die Strecke über die Haltepunkte Osterteich und Sternhaus Haferfeld zum Bahnhof Sternhaus Ramberg, dem höchsten Punkt der unteren Selketalbahn mit 413 m ü. NN. Dann geht es wieder abwärts nach Mägdesprung in das Tal der Selke. Auf diesem Streckenabschnitt von Sternhaus Ramberg nach Mägdesprung (295 m ü. NN) befindet sich mit 1:25 auch die größte Steigung im Netz der Schmalspurbahnen im Harz. Ab Mägdesprung verläuft die Bahn im Tal der Selke über den Haltepunkt Drahtzug zum Bahnhof Alexisbad (325 m ü. NN).

Alexisbad ist der betriebliche Mittelpunkt der Selketalbahn mit dem Sitz des Zugleiters. In Alexisbad verzweigt sich die Schienentrasse. Eine Stichstrecke führt über 3 km nach Harzgerode auf eine Höhe von 400 m ü. NN. Bekannt wurde der Bahnhof Alexisbad vor allem durch die Doppelausfahrten von zwei dampfgeführten Zügen, die heute allerdings nicht mehr planmäßig stattfinden. Die Stammstrecke verläuft von Alexisbad weiter zum Bahnhof Silberhütte (Anhalt). Hier befand sich früher das Heizkraftwerk, welches 1983 den Ausschlag für den Wiederaufbau des Streckenabschnittes von Straßberg (Harz) nach Stiege gab. Silberhütte ist außerdem bekannt geworden durch die hier angesiedelte pyrotechnische Industrie.

Der folgende Ort Straßberg hat einen Haltepunkt - Straßberg-Glasebach - wo sich ein Schaubergwerk befindet. Es folgt dann der Bahnhof Straßberg (Harz). Von hier aus geht es über die

The Selke Valley Railway

The Selke Valley Railway starts at Gernrode at the northern border of the Harz mountains at an elevation of 204 metres above sea level. Gernrode is also the home base for the line's rolling stock.

From Gernrode the line passes the flagstops of Osterteich and Sternhaus Haferfeld to reach the station at Sternhaus Ramberg, with an elevation of 413 m the highest point on the lower section of the Selke Valley Railway. From there it goes downhill into the Selke valley to Mägdesprung. With 1 in 25, the section between Sternhaus Ramberg and Mägdesprung (elevation 295 m) features the steepest incline of all narrow gauge lines in the Harz region. From Mägdesprung the tracks follow the valley of the Selke past the flagstop Drahtzug on to the station of Alexisbad, 325 m high.

Alexisbad is the centre of operations for the Selke Valley Railway and the seat of the line's dispatcher. At Alexisbad the tracks separate. A branch line of 3 km climbs up to Harzgerode at 400 metres above sea level. Among steam train fans, the station of Alexisbad was always highly regarded for its double departures of two steam trains, but they do not happen anymore as a part of the daily schedule. The main line goes on to the station at Silberhütte (Anhalt). The heating and powerplant here once motivated the rebuilding of the tracks from Straßberg (Harz) to Stiege in 1983, but has long been closed since the days of reunification. So Silberhütte today is better known for the pyrotechnical industries located here.

The next stop is the flag stop at Straßberg-Glasebach where travellers can get off to visit a show mine. Next on the line is the station at Straßberg (Harz). From here the line follows the

sogenannte Neubaustrecke über Güntersberge, Friedrichshöhe und Albrechtshaus nach Stiege (485 m ü. NN) auf die Harzhochfläche. Bei der Fahrt von Stiege in Richtung Hasselfelde ist rechts die bekannte Wendeschleife am Bahnhof Stiege zu sehen, die es ermöglicht, daß Züge in der Relation Eisfelder Talmühle - Alexisbad ohne Kopf zu machen den Bahnhof durchfahren können. Die Wendeschleife entstand im Zusammenhang mit dem Wiederaufbau der Strecke nach Straßberg. Derzeit wird diese Wendeschleife nicht mehr planmäßig befahren. Nach weiteren knapp 5 km wird der Endpunkt der Selketalbahn in Hasselfelde erreicht.

Eine Verbindungsstrecke beginnt in Stiege und führt über den höchsten Punkt der Selketalbahn, den Haltepunkt Birkenmoor mit 520 m ü. NN, zur Eisfelder Talmühle, dem Anschluß an die Harzquerbahn. Hier stehen auch die beiden größten Brückenbauwerke der Selketalbahn, die Mosebach- und Bartschenkulkbrücke. Des weiteren wird auf dieser Strecke das Hartsteinwerk Unterberg, derzeit der einzige Gütertransportkunde der Schmalspurbahnen im Harz, passiert.

Der Bahnhof Eisfelder Talmühle war früher ein Gemeinschaftsbahnhof der Gernrode-Harzgeroder Eisenbahn und der Nordhausen-Wernigeroder Eisenbahn und verfügt über entsprechend große Anlagen. Heute ist dieser Bahnhof nicht mehr besetzt. Mit etwas Glück kann man hier die Parallelausfahrt zweier mit Dampflokomotiven bespannter Züge in Richtung Stiege bzw. Benneckenstein sehen.

so-called new tracks by way of Güntersberge, Friedrichshöhe and Albrechtshaus on to Stiege (elevation 485 m above sea level) on the Harz plateau. Continuing the journey from Stiege on towards Hasselfelde, the rather well known loop at the station of Stiege comes into view. It basically allows trains on a scheduled run from Eisfelder Talmühle to Alexisbad to continue their journey without a lengthy switching of the engine. The loop was built when the tracks to Straßberg were being laid. But at the present time the loop is not in regular use. Roughly another 5 km later, the terminus of the original Selke Valley Railway at Hasselfelde is reached.

A connecting line begins at Stiege and moves on to the highest point of the Selke Valley Railway, the flagstop at Birkenmoor at 520 metres above the sea. The station of Eisfelder Talmühle is also the Selke Valley Railway's (Selketalbahn) junction with up the with Harz Crossing Railway (Harzquerbahn). The two largest bridges on the Selke Valley Railway are also found here at Eisfelder Talmühle. The quarry Unterberg along the line is the only goods customer left.

The station at Eisfelder Talmühle used to be a joint venture of the Gernrode-Harzgerode Railway company and the Nordhausen-Wernigeroder Railway company. which explains the relatively wide expanse of lines and technical equipment. But the station is not in use anymore. On a very lucky day one can still witness the double departure of two steam powered trains towards Stiege or Benneckenstein.

Bahnhof Gernrode (Harz), im Vordergrund die Schmalspuranlage.

The station of Gernrode (Harz) with the narrow gauge section in the foreground.

Blick aus dem Lokschuppen des Bahnhofs Gernrode.

Looking out from the engine shed at Gernrode station.

*links: zwei Dampflokomotiven vor dem Lokschuppen in Gernrode;
rechts: 99 6102 mit Personenzug am Haltepunkt Sternhaus Haferfeld.*

*left: two steam engines in front of the engine shed at Gernrode;
right: 99 6102 with a passenger train at the flagstop Sternhaus Haferfeld.*

Personenzug auf der Fahrt nach Alexisbad am Heiligen Teich.

A passenger train passes the Heiliger Teich on its way to Alexisbad.

Personenzug durchfährt den Felsdurchbruch Stahlhammer.

A passenger train passes through the „Steel Hammer“, a breach in the rock.

99 5906 kurz vor Drahtzug auf der Fahrt nach Alexisbad.

99 5906 on its way to Alexisbad is approaching Drahtzug.

Höhe über NN
316 m

99 6102 mit Personenzug beim Wasserfassen in Alexisbad.

99 6102 with a passenger train is taking water at Alexisbad.

Zwei Personenzüge in Alexisbad.
Seite 38: Der Zugbegleiter gibt Auskunft.

Two passenger trains at Alexisbad.
Page 38: Advice from the conductor.

99 5906-5

Malletlok mit Cabriowagen im Langen Tal bei Harzgerode.

A Mallet engine with an open air car in the Langes Tal near Harzgerode.

Am Judenteich bei Harzgerode.
Seite 40: 99 5906 fährt nach Harzgerode.

At the Judenteich near Harzgerode.
Page 40: 99 5906 en route to Harzgerode.

99 7234-0
99 7234-0
HSB

Personenzug vor Straßberg.
S. 42/43: Zug am Stausee Güntersberge.

Passenger train approaching Straßberg.
42/43: Train at the reservoir Güntersberge.

Durchfahrt der Wendeschleife Stiege auf dem Weg nach Eisfelder Talmühle.

Passing the loop at Stiege on the way to Eisfelder Talmühle.

Personenzug auf der Rückfahrt von Hasselfelde in Richtung Stiege.

A passenger train returning from Hasselfelde on its way to Stiege.

Harzquerbahn

Die Harzquerbahn beginnt in der Nordthüringer Industriestadt Nordhausen. Der Bedeutung des Bahnhofs entsprechend gibt es hier recht umfangreiche Gleisanlagen, dazu kommen die Triebfahrzeugeinsatzstelle und Anlagen zum Aufbocken regelspuriger Wagen auf schmalspurige Rollfahrzeuge. Des weiteren steht hier ein mechanisches Stellwerk, von dem mehrere Weichen und Signale fernbedient werden. Der Bahnhof befindet sich auf einer Höhe von 184 m ü. NN und ist damit der am niedrigsten gelegene Bahnhof der Schmalspurbahnen im Harz.

Der Streckenabschnitt von Nordhausen Nord bis Ilfeld hat weniger touristischen Charakter, hier sind die Fahrgäste im klassischen öffentlichen Personennahverkehr im Sinne von Berufs-, Schüler- und Regionalverkehr in der Überzahl. Aus diesem Grund werden auch verstärkt Triebwagen eingesetzt. Die Strecke verläuft zunächst durch industriell geprägtes Gebiet und erreicht den Haltepunkt Nordhausen-Altentor. Nach Passieren des Haltepunktes Nordhausen-Krimderode wird das Stadtgebiet verlassen und die Gemeinde Niedersachswerfen erreicht. Nach dem Haltepunkt Herculesmarkt folgt der Bahnhof Niedersachswerfen Ost. Auf die Haltepunkte Niedersachswerfen Ilfelder Straße und Ilfeld Schreiberwiese folgt der Bahnhof Ilfeld. Hier erreicht der Zug die Ausläufer des Harzes.

Der Bahnhof Ilfeld liegt auf einer Höhe von 254 m ü. NN. Von nun an beginnt der Aufstieg zur Harzhochfläche. Am Waldbad Ilfeld ist ein weiterer Haltepunkt, dann überfährt der Zug die 1949 neu aufgebaute Behrebrücke. Sie ist das größte Kunstbauwerk der Schmalspurbahnen im Harz. Über den Haltepunkt Netzkater, bei dem

The Harzquerbahn

The Harzquerbahn (Cross Harz Railway) starts at the industrial town of Nordhausen in northern Thuringia. The importance of the station is reflected in the size of the track installations. In addition there are an engine shed and facilities to equip regular gauge cars with narrow gauge bogies. Besides a dispatcher's office there is a signal box from which a number of switches and signals are controlled mechanically. With an elevation of just 184 metres above sea level, Nordhausen is the lowest of all stations of the narrow gauge railways in the Harz.

The section from Nordhausen Nord to Ilfeld is not really a part of the tourist experience. Most passengers are just the regular commuters such as students and workers using the available public transport. So it is only natural that most services are by economical motor coaches rather than picturesque steam trains. The train passes through unromantic industrial areas to reach its first stop at Nordhausen-Altentor. The city limits are crossed after the stop at Nordhausen-Krimderode and the countryside turns less industrial. Past the stop at Herculesmarkt the train approaches the station of Niedersachswerfen Ost. More flagstops at Niedersachswerfen Ilfelder Straße and Ilfeld Schreiberwiese follow. When the train reaches the station at Ilfeld, it also reaches the first foothills of the Harz mountains.

Ilfeld station lies at an elevation of 254 metres above sea level. From here on the inclines become steeper. Having passed the stop Waldbad Ilfeld - the community's public pool - the train crosses the Behre bridge. Rebuilt in 1949, it is the largest structure of its kind on the narrow gauge network of the Harz. The next stop is Netzkater

sich das Schaubergwerk Rabensteiner Stollen befindet, wird der Bahnhof Eisfelder Talmühle, 352 m ü. NN, erreicht. Hier müssen die Dampflokomotiven beider Fahrtrichtungen ihre Wasservorräte ergänzen. Auf den folgenden 13 km von Eisfelder Talmühle bis Benneckenstein steigt die Strecke stark an, um die Harzhochfläche zu erreichen. Dabei werden fast 180 m Höhenunterschied überwunden. Die Steigungen betragen bis 1:30. Zwischen Eisfelder Talmühle und Benneckenstein werden noch die Haltepunkte Tiefenbachmühle und Sophienhof passiert.

Im Güterschuppen des Bahnhofs Benneckenstein wurde 1997 eine kleine Ausstellung zur Geschichte der Schmalspurbahnen im Harz von einem hier beheimateten Verein eröffnet. Hinter Benneckenstein verläuft die Strecke auf gleicher Höhe bleibend über Sorge nach Elend. In Sorge kreuzte früher die Südharzeisenbahn die Strecke, man erkennt noch die Brückenfundamente der alten Überführung. Zwischen Sorge und Elend ging die Bahn bis 1989 direkt an der innerdeutschen Grenze entlang. Hier ist auch der höchste Punkt der Harzquerbahn mit 550 m ü. NN.

Nach Elend erreicht die Bahn Drei Annen Hohne, mit 540 m ü. NN der höchste Bahnhof zwischen Nordhausen Nord und Wernigerode. Hier zweigt von der Harzquerbahn die Brockenbahn zum höchsten Berg Norddeutschlands ab. Dementsprechend herrscht oft reger Betrieb. Bis zu drei Züge gleichzeitig befinden sich im kleinen Bahnhof. Von Drei Annen Hohne fährt die Bahn wieder abwärts in bogenreicher Strecke nach Wernigerode. Dabei wird der 1992 wieder in Betrieb genommene Kreuzungsbahnhof Drängetal mit seiner modernen Solartechnik passiert. Des weiteren fährt die Bahn durch den

home of the show mine Rabensteiner Stollen. When the train reaches the station at Eisfelder Talmühle at an elevation of 352 m, it is time for the engines to replenish their water supply. To reach the higher regions of the Harz mountains, the line now begins to climb in earnest, gaining almost 180 metres in height on the 13 km section from Eisfelder Talmühle to Benneckenstein. The gradients on this part of the journey are up to 1 in 30. En route between Eisfelder Talmühle and Benneckenstein the train passes the stops at Tiefenbachmühle and at Sophienhof.

In 1997 a local history society opened a small exhibition on the history of the narrow gauge railways in the Harz region. It is located at the goods shed of the station at Benneckenstein. From now on the line runs on a relatively level course first to Sorge and then on to Elend. In earlier days the Südharzeisenbahn crossed the line at Sorge. The only memories left of those days are the foundations of the old viaduct. Until 1989 the section from Sorge to Elend was also special in another way as it ran right along the old East German border. With 550 m it also features the highest point on the Harzquerbahn.

The next stop after Elend is the station at Drei Annen Hohne, with 540 the highest station on the line between Nordhausen Nord and Wernigerode. It is also the starting point of the branch line to the Brocken, the highest mountain of northern Germany. So the station is usually quite busy. Up to three trains at a time may crowd the little station. Leaving Drei Annen Hohne for Wernigerode means a long and winding ride downhill. On its way the train passes the Drängetal. This original passing place was modernised before going back into service in 1992, blending solar power with oldfashioned steam age romantics. On

einzigen Tunnel im Netz der Schmalspurbahnen im Harz und auch einzigen Tunnel der Schmalspurbahnen der neuen Bundesländer. Er hat eine Länge von ca. 70 m und unterquert den kleinen Thumkuhlenkopf. Über den Bahnhof Steinerne Renne mit anschließendem engsten Bogenradius im Bereich der Harzquerbahn von nur 60 m wird Wernigerode mit dem ersten Bahnhof Wernigerode-Hasserode erreicht. Es folgt der Haltepunkt Wernigerode Kirchstraße. Anschließend wird die bekannte Westerntorkreuzung befahren und der Bahnhof Wernigerode Westerntor erreicht. Hier hat der Zugleiter für den nördlichen Streckenabschnitt seinen Sitz. Es befindet sich hier auch ein kleines elektromechanisches Stellwerk aus dem Jahre 1936, von welchem einige Weichen im Bahnhof und die Einfahrsignale (Lichtsignale) bedient werden. Gleichfalls steht in Wernigerode Westerntor die zentrale Werkstatt der Schmalspurbahnen im Harz. Nach Wernigerode Westerntor verläuft die Strecke zunächst parallel zur DB AG-Strecke aus Richtung Ilsenburg bis zum Bahnhof Wernigerode, dem Endpunkt der Schmalspurbahn aus Nordhausen nach 60,5 km. Hier ist gleichzeitig die Triebfahrzeugeinsatzstelle Wernigerode zu finden mit Triebfahrzeughalle und Drehscheibe, Bekohlungsanlagen und Wasserkran. Vom Bahnhof Wernigerode verläuft noch eine knapp 1 km lange Strecke bis zum sogenannten Spurwechselbahnhof, wo sich Rollwagenanlage, Rollbockgrube und Verladeanlage für schmalspurige Fahrzeuge befinden. Der Bahnhof Wernigerode selbst liegt auf einer Höhe von 234 m ü. NN, so daß die Bahn von Drei Annen Hohne aus über 300 m Höhenunterschied talwärts überwunden hat.

Seite 49:
Tunnel am Kleinen Thumkuhlenkopf.

its way the train also passes through the only tunnel on he narrow gauge lines in the Harz - which is also the only tunnel on any of the narrow gauge lines in the new states. It is some 70 metres long and passes under the Kleine Thumkuhlenkopf. Once the station at Steinerne Renne has been passed, the train enters into the tightest bend of the entire Harzquerbahn with a radius of only 60 metres. Soon after the station of Wernigerode-Hasserode announces the journey's end. Past the stop at Wernigerode Kirchstraße the train approaches the famous Westerntor crossing and then enters the station at Wernigerode Westerntor. This station is also the seat of the dispatcher for the northern district. A small signal box of 1936 vintage still operates a number of switches inside the station and the light signals controlling the entry to the station. Wernigerode Westerntor is also the central workshop for the narrow gauge lines of the Harz. From Wernigerode Westerntor the narrow gauge line runs parallel to the DB AG's regular gauge line from Ilsenburg. 60,5 km after having left Nordhausen, the train reaches its terminus at Wernigerode main station. There is an engine shed with a turntable as well as the necessary coal and water supply installations. The narrow gauge line continues from Wernigerode's passenger station for another kilometre to the so-called gauge-changing station. Here regular gauge cars are equipped with narrow gauge bogies, and narrow gauge cars are loaded on regular gauge cars. The station of Wernigerode lies at an elevation of 234 metres above sea level, which means that the line has gone down some 300 metres since it has left Drei Annen Hohne.

Page 49:
Tunnel at the Kleiner Thumkulenkopf.

99 7235-7

Kohle nehmen in Wernigerode vor der Fahrt zum Brocken.

Taking coal at Wernigerode before the journey up to the Brocken.

Älteste Dampflok im Harz vor der Abfahrt in Wernigerode.

The oldest steam engine in the Harz region is about to leave Wernigerode.

Personenzug nach Drei Annen Hohne vor der Marienkirche von Wernigerode.

A passenger train for Drei Annen Hohne before St Mary's Church in Wernigerode.

Neubaudampflok überquert eine Gewölbebrücke vor Steinerne Renne.

A New Steam Engine crosses a vaulted bridge near Steinerne Renne.

Personenzug auf der Fahrt nach Drei Annen Hohne oberhalb des Drängetals.

A passenger train en route to Drei Annen Hohne above the Drängetal.

Abfahrtsbereit im Bahnhof Drei Annen Hohne.

Awaiting departure from the station at Drei Annen Hohne.

Ausfahrt aus Drei Annen Hohne in Richtung Elend.

Just having left Drei Annen Hohne for Elend.

Sonderzug mit zwei Malletlokomotiven verläßt Drei Annen Hohne. | *Two Mallet engines with a special train leave Drei Annen Hohne.*

Sonderzug auf der Rückfahrt nach Wernigerode, von Drei Annen Hohne. | *A special train returning to Wernigerode from Drei Annen Hohne.*

99 7243-1

Zwei Malletdampfloks beim Rangieren am Bahnübergang in Elend.

Switching operations of two Mallet engines at a crossing in Elend.

Dampf- und Diesellok vor Personenzug auf der Harzhochfläche.

A steam and a diesel engine with a passenger train on the Harz plateau.

Personenzug auf der Fahrt nach Eisfelder Talmühle auf dem Behreviadukt.

A passenger train en route to Eisfelder Talmühle on the Behre viaduct.

Das Empfangsgebäude des Bahnhofs Nordhausen-Nord am Ausgangspunkt der Harzquerbahn.

The main building of the station at Nordhausen-Nord, the starting point of the Harzquerbahn.

links: Fahrwerk einer Neubaulokomotive, Spiegelung in einer Pfütze.

left: The drive train of a New Steam Engine and its reflections in a puddle.

Seite 56/57:
Personenzug auf den Bodebrücken bei Sorge in Richtung Wernigerode.

Page 56/57:
A passenger train for Wernigerode crosses the Bode bridges near Sorge.

Brockenbahn

Die Brockenbahn beginnt auf dem Bahnhof Drei Annen Hohne 540 m ü. NN an der Strecke der Harzquerbahn von Nordhausen nach Wernigerode. Sie verläuft von hier aus, lediglich unterbrochen durch den Bahnhof Schierke, in einer durchgehenden Steigung von 1:30 bis hinauf zum Brocken. Dabei wird vom Bahnhof Drei Annen Hohne bis zum Bahnhof Schierke fast durchweg dichter Wald durchquert mit nur wenigen Ausblikken. Ungefähr bei der Hälfte der Strecke bis zum Bahnhof Schierke wird der Granitsteinbruch Knaupsholz passiert zu dem bis 1963 ein Anschlußgleis führte. 80 m über Ortslage auf einer Höhe von 685 m ü. NN liegt der Bahnhof Schierke, der über einen ca. 1,5 km langen Fußweg zu erreichen ist. Hinter dem Bahnhof Schierke verläuft die Steigung weiter zunächst durch dichten Nadelwald. Dabei wird die alte Bobbahn gekreuzt, die heute aber für den Wintersport keine Bedeutung mehr hat.

Am Eckerloch wird das schwarze Schluchtwasser auf einer 1991 neu errichteten Brücke überquert. Bis hierher bestand Anfang der 50er Jahre auch im Winter schon einmal Reisezugverkehr aus Anlaß der Deutschen Winterfestspiele in Schierke. Dafür wurde eigens ein Umsetzgleis angelegt, dessen Spuren heute noch erkennbar sind.

Dann wird der Königsberg umfahren, bevor der Bahnhof Goetheweg erreicht wird. Dieser wurde 1900 auf Wunsch des Harzklubs eingerichtet, um Wanderern aus Richtung Torfhaus und Braunlage den Zustieg in die Brockenbahn zu ermöglichen. Gleichzeitig wurde ein Rückdrückgleis angelegt, was Kreuzungen realisierbar

Seite 63: Zug in der Brockenspirale.

The Brocken Railway

The starting point of the Brocken Railway is the station of Drei Annen Hohne, which is on the Nordhausen-Wernigerode line at an elevation of 540 metres above sea level. With the execption of the level section at the station at Schierke, the Brocken Railway faces a steady and uninterrupted incline of 1 in 30 on its climb up the mountain. From Drei Annen Hohne to Schierke the train passes mostly throught dense forests and outlooks along this part of the journey are seldom. Half the way to Schierke, the train passes the granite quarry Knaupsholz, which until 1963 had its own access track. With an elevation of 685 metres above sea level, the station of Schierke lies 80 metres higher than the town itself and is accessed by a footpath some 1,5 kilometres long. Past Schierke the line continues through dense woods, passing the old bob run on its way which for long has lost any importance for competitive winter sports.

At the Eckerloch the line passes the black waters of a gorge by means of a new bridge completed in 1991. Special occasions demanded special measures, and for the German Winter Games at Schierke in the early 1950s, the line kept up a regular winter service. To facilitate this service, an extra switching track had been laid of which some traces are visible today.

Rounding the Königsberg, the station Goetheweg is reached. This stop owes its existence to the activities of the Harz Club which had it created in 1900 so that hikers from Torfhaus or Braunlage were able to catch a train to the Brocken peak. At the same time an extra backup track was laid to allow for the passing of trains on the

Page 63: A train at the Brocken spiral.

machte. Dieses Rückdrückgleis befindet sich auf ebener Strecke, so daß bergwärts fahrenden Zügen die Anfahrt erleichtert wird. Auch heute wird es im Sommerabschnitt regelmäßig zu Kreuzungen genutzt. Das Ein- und Aussteigen von Reisenden ist allerdings nicht mehr möglich. Der nun folgende Abschnitt verlief fast unmittelbar an der ehemaligen innerdeutschen Grenze, deren Sperranlagen bei der Wiederaufnahme des Zugverkehrs 1991 noch zu sehen waren.

Nach der weiteren Umfahrung des Königsberges passiert der Zug das Goethemoor und tritt hinter dem zweiten Bahnübergang Brockenstraße in die sogenannte Brockenspirale. Eineinhalbmal wird der Brockengipfel umfahren, um die notwendige Höhe zu erreichen. Nach Passieren der Baumgrenze wird dann der Bahnhof Brocken in einer Höhe von 1125 m ü. NN angefahren. Seit 1992/93 fahren hierhin auch im Winter regelmäßig Züge. Bis 1961 war dies aufgrund der mangelhaften Schneeräumtechnik noch nicht möglich. Heute gibt es nur wenige Tage im Jahr, an denen wegen des starken Sturmes auf der Brockenspitze ein Eisenbahnverkehr nicht durchführbar ist.

Auf dem Brocken selbst gibt es die Möglichkeit, den neu gestalteten höchsten Punkt (1142 m ü. NN) zu besichtigen, ein Museum zu besuchen, vom Rundwanderweg bei gutem Wetter die einzigartige Aussicht zu genießen, beim Brockenwirt die Schale Erbsensuppe zu sich zu nehmen oder dem Brockengarten einen Besuch abzustatten.

Seite 65: Frontalansicht der 99 5903 als NWE 13, die vor allem für Sonderfahrten vom Brocken eingesetzt wird.

Seite 68/69: Sonderzug mit Mallet- und Neubaulokomotive bei der Ausfahrt aus Drei Annen Hohne nach Schierke.

single track line. This backup track was on a level stretch to make the approach easier for trains going uphill. In the summer months this track is still in frequent use to allow the passing for trains. But passengers are not allowed anymore to get on and off the train here. From here the line follows the former East-West German border. When train services started again in 1991, the defenses of this part of the Iron Curtain could still be seen from the train window.

After having rounded the Königsberg a second time in its need for height, the train passes the Goethe Moors. And beyond the second level crossing at the Brockenstraße, the so-called Brocken spiral is entered. One and a half times the Brocken peak itself is rounded in the continuing effort to gain height. Eventually trees are left behind and the station at an elevation of 1125 metres above sea level comes into sight. Since 1992/93 the services to the Brocken peak operate all year. In the earlier years until 1961 the limited snow moving facilities made such service impossible. Today, service is only terminated when extremely high winds threaten the safety of crew and passengers alike.

Once atop the mountain peak, tourists are invited to spend their time until their return trip by inspecting the newly arranged „highest point“ (1142 metres above sea level), looking in at the museum, enjoying the singular sights from the circular footpath on a clear day, visiting the Brocken gardens, or just by sitting down for a traditional meal at the Brocken Inn.

page 65: Face to face with 99 5901, here as NWE 11, an engine used mostly for special trains to the Brocken.

page 68/69: A special train drawn by a Mallet and a New engine is leaving Drei Annen Hohne for Schierke.

13

Mit Volldampf auf den Brocken. | *Full steam ahead to the Brocken peak.*

Personenzug auf der Fahrt zum Brocken vor Drei Annen Hohne.

A passenger train on its way to the Brocken near Drei Annen Hohne.

Bei der Ausfahrt aus Drei Annen Hohne in Richtung Schierke.

Having left Drei Annen Hohne for Schierke.

Sonderzug mit zwei Malletloks im Bahnhof Schierke.

A special train powered by two Mallet engines at Schierke station.

links: Ausfahrt aus Drei Annen Hohne nach Schierke, Beginn der1:30 Steigung. rechts: Im Bahnhof Schierke wartet der Zug nach Drei Annen Hohne auf den Gegenzug zum Brocken.

left: Leaving Drei Annen Hohne for Schierke, begin of the 1 in 30 incline. right: At Schierke station the train for Drei Annen Hohne waits for the oncoming train to the Brocken to pass.

Sonderzug vor der Kulisse des Wurmberges mit Mallet- und Neubaulok.

A special train with a Mallet and a New engine before the distant Wurmberg.

links: In der Brockenspirale
rechts: an der Teufelskanzel.

unten: Personenzug bei der Überquerung der Brockenstraße.

left: Inside the „Brocken spiral“
right: At the Devil's Pulpit.

below: A passenger train crossing the Brocken Road.

Seite 73: Zug auf dem Brocken mit Blickrichtung Torfhaus.

page 73: Looking towards Torfhaus, a train is approaching Brocken peak.

Drei Dampflokomotiven auf dem Brocken vor der Rückfahrt nach Schierke.

Three steam engines at the Brocken get ready for their return to Schierke.

Neubaudampflok beim Umsetzen auf dem Brocken kurz vor dem Ankuppeln.

After switching a New engine is about to connect to its train again.

Auf der Rückfahrt nach Schierke unterhalb des Brockengipfels.

On the return trip to Schierke a train passes below the Brocken peak.

Sonderzug mit Malletdampflokomotiven auf der Rückfahrt nach Schierke.

A special train powered by a Mallet engine is on its way back to Schierke.

Brockenbahn im Winter. | *The Brocken Railway on a winter day.*

Sonnenuntergang am Brockengipfel. | Sunset on Brocken peak.

Studio Volker Schadach

Gutenbergstraße 3

38640 Goslar

Telefon (0 53 21) 2 56 77 · Telefax (0 53 21) 4 03 58

Harz Broschur	108 Seiten	**DM 16,80**
Der Brocken Broschur	96 Seiten	**DM 16,80**
Bergwerke & Höhlen im Harz Broschur	108 Seiten	**DM 16,80**
Nationalpark Hochharz Broschur	60 Seiten	**DM 10,00**
Goslar Buch	168 Seiten	**DM 29,80**
Goslar Broschur	96 Seiten	**DM 16,80**
Wernigerode Buch	168 Seiten	**DM 14,80**
Quedlinburg Buch	156 Seiten	**DM 19,80**
Brandenburg Broschur	96 Seiten	**DM 14,80**
Stolberg Broschur	96 Seiten	**DM 14,80**
Mit Volldampf auf den Brocken Buch	144 Seiten	**DM 29,80**
Schmalspurbahnen im Harz Broschur, Band 1	96 Seiten	**DM 16,80**
Mit Volldampf auf den Brocken Broschur, Band 2	96 Seiten	**DM 16,80**
Die Selketalbahn im Harz Broschur, Band 3	96 Seiten	**DM 16,80**
NEU! Broschuren	je 80 Seiten	**DM 9,80**

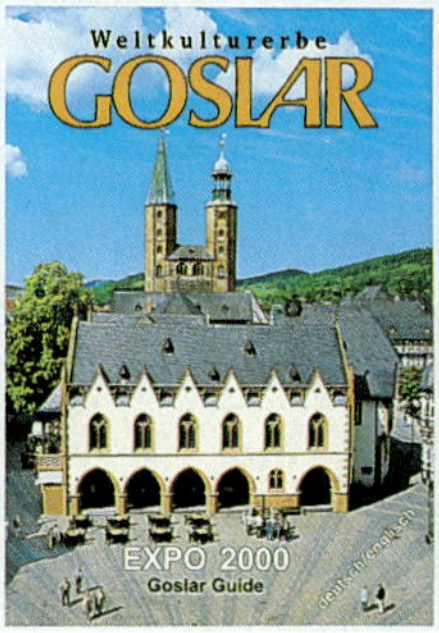

Im gleichen Verlag erschienen

HSB on Tour '98 - Werbefahrt von Wernigerode nach Berlin, Hamburg, ... mit Modenschau auf der Lok.

HSB on Tour '98 - a promotion tour from Wernigerode to Berlin, Hamburg, ... with a fashion show on the engine.